Simulazione di un impianto controllato da un PLC Modicon M340

Andrea Ferrarini

Simulazione di un impianto controllato da un PLC Modicon M340

Studio di un PLC Modicon M340 e simulazione via software di un impianto automatico di confezionamento

Edizioni Accademiche Italiane

Cover image: www.ingimage.com

Publisher:
Edizioni Accademiche Italiane
is a trademark of
Dodo Books Indian Ocean Ltd. and OmniScriptum S.R.L publishing group

120 High Road, East Finchley, London, N2 9ED, United Kingdom
Str. Armeneasca 28/1, office 1, Chisinau MD-2012, Republic of Moldova, Europe
Managing Directors: Ieva Konstantinova, Victoria Ursu
info@omniscriptum.com

ISBN: 978-3-639-77207-4

Zugl. / Approved by: Roma,Università Roma Tre, 2012

INDICE

INTRODUZIONE

Già da molto tempo l'esigenza di sostituire l'uomo in tutti quei lavori ripetitivi, complessi e talvolta pericolosi ha portato alla realizzazione di impianti automatici in grado di svolgere tali attività. Questi impianti richiedevano l'intervento di un controllore che comandasse e coordinasse le macchine.

Poiché per compiere queste azioni erano necessarie soprattutto istruzioni logiche, quando negli anni '70 sono comparse sul mercato le prime apparecchiature programmabili che avevano la possibilità di eseguire funzioni logiche elementari, l'industria ne ha individuato subito le possibili applicazioni. Queste apparecchiature erano i PLC (Programmable Logic Controller).

I primi PLC avevano un software rigido, potevano svolgere poche funzioni ed il linguaggio di programmazione a basso livello era accessibile solo a pochi esperti, ma l'evoluzione informatica ha portato a una totale trasformazione del dispositivo e delle sue capacità.

Controllore a Logica Programmabile – PLC

Secondo la definizione dello standard *1131* del Comitato Elettrotecnico Internazionale:

> *"Un **controllore a logica programmabile** è un sistema elettronico a funzionamento digitale, destinato all'uso in ambito industriale, che utilizza una memoria programmabile per l'archiviazione interna di istruzioni orientate all'utilizzatore per l'implementazione di funzioni specifiche, come quelle logiche, di sequenziamento, di temporizzazione, di conteggio e di calcolo aritmetico, e per controllare, mediante ingressi ed uscite sia digitali che analogici, vari tipi di macchine e processi".*

Si tratta di un oggetto hardware componibile la cui caratteristica principale è la straordinaria robustezza che gli consente di operare in condizioni ambientali critiche quali: ambienti rumorosi, presenza di notevoli interferenze elettriche, temperature elevate, alta umidità.

In certi casi il PLC è in funzione 24 ore su 24, per 365 giorni all'anno, su impianti che non possono fermarsi mai.

Argomenti

Le tematiche trattate in questo libro possono essere suddivise in due macro blocchi:

- fase di studio;
- fase applicativa.

Nella prima parte sono state studiate tutte le componenti del **"Modicon M340 Discovery Kit"**, un kit acquistabile dall'azienda ©*Schneider Electric*, utilizzato per la simulazione e realizzazione di impianti automatici.

In particolare sono stati studiati:

- il PLC ed i moduli presenti;
- il sistema di sviluppo *Unity Pro*: software necessario per la realizzazione delle applicazioni di controllo;
- i software di supporto *Unity Loader* e *Modicon M340 Design Help System*;
- le interfacce ed i canali di comunicazione utilizzabili: USB, Ethernet, CANopen;

Un'analisi approfondita è stata possibile soprattutto grazie alla documentazione online che l'azienda fornisce e alla guida cartacea presente nel kit.

L'obiettivo di questa prima fase di studio è stato quello di acquisire una conoscenza non solo teorica, ma soprattutto pratica del PLC e del suo funzionamento. Per questa ragione l'intento non è stato solo avere le nozioni necessarie per realizzare un progetto applicativo, bensì conoscere tutte le potenzialità e le possibilità che questo strumento offre.

La fase applicativa consiste nello sviluppo di un impianto industriale di confezionamento simulato via software e controllato dal PLC Modicon M340.

Nel progetto sono stati realizzati:

- l'applicazione di controllo utilizzata dal PLC per svolgere il suo compito;
- il simulatore dell'impianto;
- la schermata operatore che offre una visione grafica per semplificare il compito di supervisione svolto dall'uomo.

Questa seconda parte ha l'obiettivo non solo di mettere in pratica le conoscenze acquisite nella prima, ma anche di testare le possibilità di interfacciamento del PLC con i software usati comunemente in questo ambito.

Struttura del libro

Il libro è organizzato come segue:

- La Parte I descrive il PLC Modicon M340.
  - o Nel Capitolo 1 è descritto brevemente il ciclo di funzionamento di un PLC.
  - o Nel Capitolo 2 sono esaminate le componenti hardware presenti nel PLC studiato.
  - o Nel Capitolo 3 sono analizzati i software forniti con il PLC Modicon M340 ponendo l'attenzione soprattutto sul sistema di sviluppo.
  - o Nel Capitolo 4 sono presi in esame le connessioni offerte per l'interfacciamento del dispositivo.

6

- La Parte II si concentra sul progetto realizzato.

    o Nel Capitolo 1 si parla del progetto pre-esistente confrontandolo con il progetto che si vuole realizzare.

    o Nel Capitolo 2 si descrive l'impianto da cui si è preso spunto per la realizzazione del progetto.

    o Nel Capitolo 3 si espone il metodo di progettazione ottenuto da un'analisi preliminare.

    o Nel Capitolo 4 si delinea la realizzazione vera e propria del progetto.

PARTE I - PLC MODICON M340

1. CICLO DI FUNZIONAMENTO DEL PLC

Tale ciclo è composto da cinque fasi:

1. Il PLC procede alla lettura di tutti gli ingressi sia digitali che analogici provenienti dai sensori e trasduttori che fanno parte dal sistema da controllare.
2. Memorizza il loro stato in dei registri di memoria definiti "Registri immagine degli ingressi".
3. Le istruzioni di comando vengono elaborate in sequenza dalla CPU attraverso un'applicazione di controllo realizzata dall'utente.
4. Il risultato è memorizzato nei "Registri immagine delle uscite".
5. Il risultato è scritto sulle uscite fisiche, ovvero gli attuatori.

Poiché l'elaborazione delle istruzioni si ripete continuamente, si parla di elaborazione ciclica ed il tempo che il controllore impiega per una singola elaborazione viene detto tempo di ciclo (solitamente da 10 a 100 millisecondi).

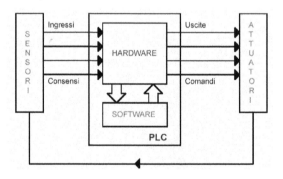

Figura 1: Ciclo di lavoro del PLC

2. HARDWARE DEL PLC MODICON M340

Si descrive ora la struttura hardware di un PLC per poi passare alla struttura del PLC ModiconM340.

Come già detto il PLC ha un struttura hardware costituita da moduli componibili.

Le componenti principali sono il rack, l'alimentazione, il modulo processore (CPU) ed i moduli input/output.

2.1 Rack

Il rack (Backplane) costituisce lo scheletro del PLC e permette lo scambio di informazioni tra l'unità centrale CPU ed il resto dei componenti presenti. Ha la funzione di consentire la connessione elettrica e meccanica pur garantendo la schermatura e la protezione da shock meccanici.

Nel PLC Modicon M340 ciascun modulo è collegato al rack tramite connettori ed è "ancorato" grazie ad una vite di serraggio.

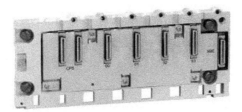

Figura 2: Rack del PLC Modicon M340

Come si può notare dalla Figura 2 sono presenti: i connettori CPS relativi agli slot che ospitano l'alimentatore; il connettore 00 che ospita l'unità centrale CPU; il connettore 01 che ospita il modulo I/O Digitale; i connettori 02 e 03 che possono ospitare altri moduli inseribili; il connettore XBE utilizzabile per estensioni future del rack.

È presente un morsetto per la connessione alla messa a terra (massa elettrica). È possibile fissare il rack nel quadro elettrico mediante una barra omega-din oppure con delle viti.

2.2 Alimentatore

L'alimentatore è l'elemento che fornisce tensione a tutti i moduli inseriti nella configurazione del rack.

Figura 3: Alimentatore del PLC Modicon M340

Nel PLC in esame è presente il modello BMX CPS 2000 alimentabile con tensione alternata a 220 V. L'alimentatore presenta 2 connettori: il primo fornisce la tensione di rete con relativa messa a terra di protezione, e da cui è possibile "prelevare" una tensione continua a 24 V (450 mA); l'altro funge da controllo di stato del corretto funzionamento della CPU.

2.3 Processore

Il modulo processore, detto anche CPU è l'elemento "pensante" del PLC. È una scheda complessa basata su una logica programmabile e svolge la funzione di controllo attraverso l'accesso e la memorizzazione di ingressi e uscite.

Il funzionamento della CPU deriva dal **ciclo di copia massiva** degli ingressi e delle uscite, attraverso le seguenti fasi:

- rilevamento dei dati di ingresso dall'impianto e aggiornamento dei "Registri immagine degli ingressi";
- esecuzione dei programmi di controllo;
- memorizzazione del risultato nei "Registri immagine delle uscite";
- esecuzione dei programmi di gestione del dispositivo (es: diagnostica);
- scrittura dei dati elaborati sulle uscite fisiche.

Tuttavia questo ciclo presenta alcuni svantaggi. Infatti il controllore è "cieco" alle variazioni degli ingressi fino al termine del ciclo ed inoltre la sua durata non è prefissata, ma dipende dalla lunghezza e dalla complessità dei programmi eseguiti.

Nel PLC studiato viene utilizzato il modulo processore BMX P34 2030.

Figura 4: CPU del PLC Modicon M340

Il tipo di connessioni offerte rappresentano la caratteristica più importante di questo processore. Infatti sono presenti una connessione USB, una connessione Ethernet ed una connessione CANopen, le cui funzioni saranno analizzate nel Capitolo 4.

Tabella 1: Caratteristiche generali del processore BMX P34 2030

Numero massimo globale di ingressi/uscite digitali			1024
Numero massimo globale di ingressi/uscite analogici			256
Dimensioni massime di memoria applicazione utente			4096 Kb
Capacità della memoria dati applicazione salvabile			256 Kb
Tipi di connessioni			USB
			Ethernet
			CANopen
Sezioni applicazione	Task MAST		1
	Task FAST		1
	Elaborazione eventi		64
Velocità di esecuzione del codice applicazione (dove Kins: 1024 istruzioni)	RAM interna	100% booleano	8,1 Kins/ms
		65% booleano + 35% digitale	6,4 Kins/ms
Tempi di esecuzione	Una istruzione booleana di base		0,12 µs
	Una istruzione digitale di base		0,17 µs
	Una istruzione a virgola mobile		1,16 µs

2.3.1 Aree di memoria

La memoria del PLC è suddivisa in aree.

- Area sistema operativo:

  svolge le funzioni di diagnostica del sistema, controllo della scansione e della durata del programma utente e gestione della comunicazione per il collegamento con altri PLC o periferiche. È costituita da memoria ROM o EPROM.

- Area lavoro sistema operativo:

  contiene i dati necessari per l'elaborazione logica e per le funzioni ausiliarie (temporizzatori, contatori, registri a scorrimento) e memorizza i risultati intermedi prodotti da operazioni aritmetiche e logiche. È realizzata con una memoria RAM.

- Area INPUT/OUTPUT:

  memoria RAM costituita dai "Registri immagine degli ingressi" e dai "Registri immagine delle uscite".

12

- Area programma utente:

  contiene le istruzioni che costituiscono il programma. La memoria utente è spesso esterna come ad esempio nel caso di memoria EPROM. Il vantaggio di una memoria esterna è rappresentato dalla semplicità di programmazione o di modifica dello stesso.

La memoria del PLC Modicon M340 è composta da:

- una RAM interna usata come area lavoro sistema operativo;
- una flash interna in cui si effettua il backup dei registri e in cui sono salvati automaticamente i dati allocati, non allocati e il buffer di diagnostica;
- una scheda di memoria SD (BMX RMS 008MP) esterna divisa in due partizioni: una per il backup del programma utente, l'altra per memorizzare file e pagine web.

Tabella 2: Caratteristiche della memoria interna del processore

Tipo di oggetti	Indirizzo	Dimensione predefinita
Bit interni	%Mi	512
Bit di I/O	%Ir.m.c %Qr.m.c	Dipende dalla configurazione del dispositivo dichiarata (moduli di I/O).
Bit di sistema	%Si	128
Parole interne	%MWi	1024
Parole costanti	%KWi	256
Parole di sistema	%SWi	168

2.4 Moduli I/O

Le sezioni I/O sono costituite da convertitori che svolgono la funzione di adattare i segnali provenienti dall'esterno consentendone l'interfacciamento con i dispositivi industriali.

Esistono vari tipi di moduli input/output in quanto devono essere compatibili con una vasta gamma di segnali elettrici, che vanno dai 5 V continui ai 220 V alternati, dai segnali analogici a quelli digitali.

La sezione I/O presente nel PLC Modicon M340 è BMX DDM 16022, un modulo di input/output digitali composto da otto ingressi e otto uscite.

Inoltre è possibile collegare un simulatore (ABE-7TES160), che consente di realizzare un banco di test degli ingressi per verificare il funzionamento degli applicativi realizzati con il software di programmazione del PLC.

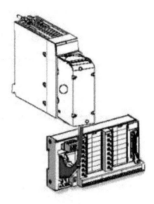

Figura 5: Modulo I/O digitale del PLC connesso al simulatore

1. SOFTWARE DEL PLC MODICON M340

3.1 Unity Pro S

Il tool di programmazione "Unity Pro" è un sistema di sviluppo utilizzato per la realizzazione delle applicazioni di controllo del PLC Modicon M340.

Per valutare le potenzialità di questo software sono stati analizzati gli editor e i servizi forniti.

Tabella 3: Elenco degli editor

Editor	Descrizione
Configurazione	Consente di accedere alla configurazione hardware e alle impostazioni dei parametri dei moduli.
Dati	Consente di accedere alle variabili elementari e alle istanze di blocco funzione usate nel progetto.
Motion	Consente di accedere alla dichiarazione e configurazione dei servoazionamenti.
Comunicazione	Consente di accedere alla configurazione delle reti.
Programma	Consente di accedere al programma del progetto.
Tabelle di animazione	Consente di accedere alle tabelle di animazione.
Schermate operatore	Consente di accedere alle schermate operatore.
Documentazione	Consente di accedere alla documentazione.

3.1.1 Editor di Configurazione

Questo editor permette di configurare nel software le parti del PLC (rack, alimentatore, processore, uno o più moduli) e i dispositivi del bus di campo.

Lo strumento di configurazione è utilizzato inoltre per:

- Eseguire la diagnostica dei moduli configurati nella stazione.
- Valutare la corrente scaricata e le tensioni fornite dal modulo di alimentazione dichiarato nella configurazione.

- Effettuare la **gestione del consumo**: viene raffigurato in forma grafica il bilancio del consumo di energia, così da controllare i limiti di consumo generale e dei canali specifici dell'applicazione. In caso di eccesso, appare un messaggio.

- Controllare il numero di canali specifici dell'applicazione configurati in relazione alle capacità del processore dichiarato nella configurazione.

- Valutare l'uso di memoria del processore.

- Compiere l'**analisi di configurazione**:
  - controllare che tutti i moduli dichiarati siano compatibili;
  - controllare che non venga superato il numero massimo di un tipo di modulo nella configurazione;
  - controllare che non vengano superati i limiti dei vari tipi di ingressi/uscite gestiti;
  - controllare che tutti gli ingressi/uscite dichiarati e utilizzati nell'applicazione siano configurati correttamente.

La configurazione può essere eseguita prima o dopo la programmazione del progetto; questa possibilità offre il vantaggio di poter realizzare progetti generici senza preoccuparsi della configurazione nelle fasi iniziali.

3.1.2 Editor dati

L'**editor di dati** permette di creare o cercare tipi di dati e istanze di tipi di dati. Dispone delle seguenti funzioni:

- dichiarazione delle istanze di variabili elementari e derivate (EDT/DDT);
- definizione dei tipi dati derivati (DDT);
- dichiarazione d'istanza di elementi e blocchi funzione derivati (EFB/DFB);
- definizione dei parametri dei blocchi funzione derivati (DFB).

EDT (Elementary Data Type)

I tipi di dati elementari contengono più categorie:

1) Tipi booleani.

   - BOOL.

   - EBOOL (booleano espanso): questo tipo occupa un byte di memoria che contiene:

     o un bit per il valore (V);

     o un bit di cronologia (H) per il riconoscimento dei fronti di salita o di discesa;

     o un bit contenente lo stato della forzatura (F).

2) Tipi interi.

   Con i tipi interi è possibile rappresentare un valore intero in basi diverse, ovvero base 10 (predefinito), base 2, base 8, base 16. Sono:

   - INT: intero con segno con formato a 16 bit.

   - DINT: intero con segno con formato a 32 bit.

   - UINT: intero senza segno con formato a 16 bit.

   - UDINT: intero senza segno con formato a 32 bit.

3) Tipi temporali.

   - TIME (T): è rappresentato con un tipo intero doppio senza segno (UDINT) ed esprime una durata. Le unità di tempo consentite per rappresentare il valore sono: giorni, ore, minuti, secondi, millisecondi.

   - DATE (D): codificato in BCD (Binary Coded Decimal) con un formato di 32 bit; consente di rappresentare anno, mese e giorno.

   - TIME OF DAY (TOD): anch'esso è codificato in BCD con un formato di 32 bit; contiene le informazioni relative a ora, minuti, secondi.

   - DATE AND TIME (DT): codificato in BCD con un formato a 64 bit; consente di rappresentare anno, mese, giorno, ora, minuti, secondi.

4) REAL: formato a 32 bit usato per rappresentare gli interi a virgola mobile.

5) STRING: permette di rappresentare una stringa di caratteri ASCII; può essere dichiarata in due modi diversi:

- STRING (Dimensione fissa: 16 caratteri);
- STRING[<size>] (Dimensione fissa: <size> caratteri);

dove <size> è un intero senza segno UINT che può definire una stringa composta da 1 a 65535 caratteri ASCII.

6) Tipi in formato stringa di bit.

La particolarità di questo formato è che l'insieme dei bit che li compongono non rappresentano un valore numerico, ma una combinazione di bit separati. I dati possono essere rappresentati in formato esadecimale, ottale, binario. Sono:

- BYTE: tipo avente dimensione di 8 bit.
- WORD: tipo avente dimensione di 16 bit.
- DWORD: tipo avente dimensione di 32 bit.

DDT (Derived Data Type)

Questa categoria contiene i seguenti tipi:

1) ARRAY: è un elemento che contiene un insieme di dati dello stesso tipo, quali dati elementari (EDT) o derivati (DDT). Un array è caratterizzato da due parametri:

- un parametro ne definisce l'organizzazione (dimensioni array)
- l'altro ne definisce il tipo di dati che esso contiene.

2) STRUTTURA: è un elemento che contiene un insieme di dati di tipo diverso, siano essi EDT o DDT. I dati contenuti sono caratterizzati da:

- un tipo;
- un nome, che ne permette l'identificazione;
- un commento (opzionale) che ne descrive il ruolo.

Le strutture sono create dall'utente.

3) IODDT (Input/Output Derived Data Type): sono delle strutture le cui dimensioni (ossia il numero di elementi che le compongono) dipendono dal canale o dal modulo di ingresso/uscita che esse rappresentano. Un determinato modulo di ingresso/uscita può disporre di più IODDT. Si differenzia da una struttura classica perché:

- la struttura di IODDT viene predefinita dal costruttore;
- gli elementi che comprendono la struttura di IODDT non dispongono di un'allocazione di memoria contigua, ma piuttosto di un indirizzo specifico nel modulo.

Le strutture e gli array possono contenere un qualunque tipo di dati già definito (elementare o derivato). È possibile definire tipi DDT annidati fino a 8 livelli ed array fino a 6 dimensioni.

EFB (Elementary Function Block) e DFB (Derived Function Block)

I blocchi funzione sono entità contenenti:

- una serie di variabili d'ingresso e uscita che operano da interfaccia con l'applicazione;
- un algoritmo di elaborazione che utilizza le variabili d'ingresso e specifica le variabili di uscita;
- una serie di variabili interne private e pubbliche utilizzate dall'algoritmo di elaborazione.

I tipi blocco funzione elementare (EFB) vengono forniti dal costruttore e sono programmati in linguaggio C.

I tipi blocco funzione derivata (DFB) sono blocchi di programma scritti dall'utente utilizzando i linguaggi di automazione. Sono sviluppati per rispondere alle specificità dell'applicazione e comprendono:

- una o più sezioni scritte in linguaggio Ladder (LD), Lista di istruzioni (IL), Letterale strutturato (ST) o Diagramma a blocchi funzione (FBD) [1];
- parametri di ingresso/uscita;
- variabili interne pubbliche o private.

Il software Unity Pro permette inoltre di creare i propri DFB di diagnostica. Questo servizio presenta i seguenti vantaggi:

- diagnostica integrata nel progetto: può essere pertanto progettata in fase di sviluppo e permette di rispondere al meglio alle esigenze dell'utente;
- datazione e registrazione degli errori effettuati all'origine nel PLC: in questo modo l'informazione riflette lo stato del processo in maniera precisa.

3.1.3 Editor Motion

L'editor Motion permette di accedere alla dichiarazione e alla configurazione dei servoazionamenti. Quando si dichiara un servoazionamento è necessario fornire diverse informazioni, tra cui:

- il nome assegnato;
- la tipologia;
- l'indirizzo CANopen;
- il codice di riferimento;
- la versione;
- l'immissione di nomi di variabili associati all'asse.

---

[1] I linguaggi di programmazione sono descritti al paragrafo 3.1.5

3.1.4   Editor di comunicazione

Gli editor di comunicazione consentono di configurare e gestire le varie entità di comunicazione a disposizione del progetto. Unity Pro consente di installare una rete dal browser dell'applicazione e dall'editor di configurazione hardware. Il metodo comporta quattro fasi:

- creazione di una rete logica;
- configurazione della rete logica;
- dichiarazione del modulo di rete;
- associazione del modulo alla rete logica.

Questo metodo consente, una volta effettuata la prima fase, di progettare l'applicazione di comunicazione anche senza avere a disposizione l'hardware effettivo e permette di verificare il funzionamento della rete attraverso il simulatore[2].

Informazioni dettagliate relative alle configurazioni delle varie reti sono riportate nel Capitolo 4.

3.1.5   Editor di programma

Consente di definire la struttura del programma attraverso i task e di accedere agli editor di linguaggio degli elementi del programma.

Un programma può essere costituito da:

- **Task principali**
  - o   un task master;
  - o   un task fast;

  vengono eseguiti ciclicamente o periodicamente e sono costituiti da sezioni e subroutine.

---

[2] Il simulatore del PLC è descritto nel paragrafo 3.1.12

21

- **Task di elaborazioni evento**

vengono eseguiti con priorità rispetto a tutti gli altri task e possono essere massimo 64. Le elaborazioni evento sono costituite da:

  o sezioni per l'elaborazione di eventi con comando a tempo;

  o sezioni per l'elaborazione di eventi con comando hardware.

Le sezioni contengono il codice del programma e sono implementate attraverso cinque possibili linguaggi:

- Ladder o linguaggio a contatti (LD);
- Diagramma a blocchi funzionali (FBD);
- Lista di istruzioni (IL);
- Testo strutturato (ST);
- Grafico di funzione sequenziale (SFC)

Tutti questi linguaggi di programmazione possono essere utilizzati insieme nello stesso progetto e sono tutti conformi allo standard IEC 61131-3.

Le subroutine (SR) sono sezioni di livello secondario che possono essere implementate attraverso gli stessi linguaggi di programmazione escluso il linguaggio SFC. Sono un'estensione di IEC 61131-3 e devono essere attivate esplicitamente.

➢ Task

I task sono dei contenitori di sezioni. Nella tabella seguente sono descritte le fasi operative di un task.

Tabella 4: Elenco delle fasi operative di un task.

Fase	Descrizione
Acquisizione degli ingressi	Scrittura degli ingressi associati al task nella memoria. È possibile modificare questi valori forzandoli.
Elaborazione del programma	Esecuzione del programma applicazione, scritto dall'utente.
Aggiornamento delle uscite	Scrittura dei bit o delle parole nei moduli digitali o specifici dell'applicazione associati al task dipendenti dallo stato definito dall'applicazione. Come per gli ingressi, i valori scritti nelle uscite possono essere modificati forzando i valori.

22

Queste fasi operative sono eseguite attraverso due tipi di scansione:

- ciclica;

- periodica.

La sequenza di scansione **ciclica** consiste nella definizione in sequenza dei cicli di task. Ciò comporta la possibilità di impiegare tempi di ciclo differenti (tempo che intercorre tra una lettura e la successiva) a causa, per esempio, della lettura di una sezione in più rispetto al ciclo precedente.

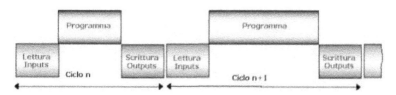

Figura 6: Scansione ciclica

Dopo l'aggiornamento delle uscite, il sistema esegue una propria elaborazione specifica, quindi avvia un altro ciclo di task senza pause. Questo ciclo viene controllato da watchdog.

Nella modalità di funzionamento **periodica**, l'acquisizione degli ingressi, l'elaborazione del programma applicazione e l'aggiornamento delle uscite vengono effettuati periodicamente, secondo un periodo definito da 1 a 255 ms. All'inizio del ciclo del PLC, una temporizzazione, il cui valore corrente è inizializzato al periodo definito, comincia il conteggio a ritroso. Il ciclo del PLC deve terminare prima della scadenza di questa temporizzazione. Il processore esegue nell'ordine l'elaborazione interna, l'acquisizione degli ingressi, l'elaborazione del programma applicazione e l'aggiornamento delle uscite.

- Se il periodo non è ancora terminato, il processore completa il proprio ciclo di funzionamento fino alla fine del periodo per elaborazione interna.

- Se il tempo di funzionamento diventa superiore a quello assegnato al periodo, il PLC segnala un superamento del periodo mediante l'impostazione a 1 del bit di sistema %S19 e l'elaborazione prosegue fino al suo completamento (non deve superare tuttavia il tempo limite del watchdog). Il ciclo successivo è avviato dopo la scrittura implicita delle uscite del ciclo in corso.

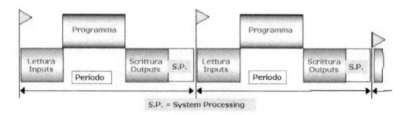

Figura 7: Scansione periodica

Vengono eseguiti due controlli:

- *Watchdog*: Il periodo di esecuzione del task in funzionamento ciclico o periodico, è controllato dal PLC con un watchdog e non deve superare il valore definito nella configurazione Tmax (1500 ms per impostazione predefinita, 1,5 s max.). Se si verifica un overflow del watchdog, l'applicazione è dichiarata in errore; ciò provoca l'arresto immediato del PLC (stato HALT).

- *Superamento del periodo*: in funzionamento periodico, un controllo aggiuntivo permette di rilevare il superamento del periodo. Un superamento del periodo non causa l'arresto del PLC se rimane inferiore al valore del watchdog. Questo valore può essere modificato dall'utente.

Task Master

Il task master (MAST) è il task principale del programma di applicazione ed è costituito da sezioni e subroutine. È obbligatorio e viene creato per impostazione predefinita. È possibile scegliere il tipo di esecuzione del task master ciclico (impostazione predefinita) o periodico (da 1 a 255ms).

Task Fast

Il task veloce (FAST) è destinato alle elaborazioni di breve durata e periodiche. Anch'esso è costituito da sezioni e subroutine, ma il linguaggio SFC non è utilizzabile. L'esecuzione del task veloce è periodica ed il periodo definito nella configurazione può essere compreso tra 1 e 255 ms. Il programma eseguito deve tuttavia restare breve per evitare il superamento dei task con priorità più bassa.

Elaborazione evento

L'elaborazione evento è fondamentale per i task che richiedono tempi di elaborazione brevissimi rispetto all'evento. Un task di elaborazione evento è monosezione, ovvero è costituito da una sola sezione (non condizionale) ed è programmato in linguaggio LD, FBD, IL o ST.

Sono proposti due tipi di evento:

- evento di I/O: per gli eventi provenienti dai moduli di ingresso/uscita;
- evento TIMER: per gli eventi provenienti dai timer di evento.

L'esecuzione di un task di elaborazione evento è asincrona.

Gestione multitask

Unity Pro gestisce i task attraverso la modalità multitask. Con questa modalità i task sono letti uno per volta e non in contemporanea. Tale comportamento è gestito con un criterio di priorità di esecuzione controllato dal PLC.

I task possono essere adeguati a diversi requisiti e rappresentano pertanto un potente strumento per strutturare il progetto.

Un programma multitask può essere costituito da:

- un task Master (MAST), che ha priorità inferiore;
- un task Fast (FAST), che ha la priorità solo sul task master;

- dei task di elaborazione eventi (EVT), che hanno la priorità maggiore ed in particolare:

  o l'elaborazione evento TIMERi, attivata dai timer, ha priorità 2 (la più bassa rispetto agli altri eventi);

  o l'elaborazione evento EVTi, attivata dai moduli di I/O, ha priorità 1;

  o l'elaborazione evento EVT0 ha la massima priorità

Tabella 5: Descrizione dei task prioritari

Fase	Descrizione
1	Verificarsi di un evento o inizio del ciclo del task veloce.
2	Arresto dell'esecuzione dei task in corso con priorità più bassa.
3	Esecuzione del task con la massima priorità.
4	Il task interrotto riprende quando terminano le elaborazioni del task prioritario.

In funzionamento multitask, il task con la priorità più elevata deve essere eseguito in modalità periodica, in modo da lasciare tempo sufficiente per l'esecuzione dei task con priorità più bassa. Per questa ragione, solo il task con la priorità più bassa deve essere eseguito in modalità ciclica.

➢ Sezioni

Le sezioni sono unità di programma autonome in cui viene creata la logica del progetto. Vengono eseguite nella stessa sequenza con cui sono rappresentate nel browser del progetto e non è possibile il salto di programma verso un'altra sezione. La stessa sezione non può appartenere contemporaneamente a più task.

È possibile associare a una o più sezioni una condizione di esecuzione; questa può essere definita nei task master e veloce, ma non nei task di elaborazione evento.

➢ Subroutine

Le subroutine vengono create come unità separate in sezioni di subroutine. Le chiamate di subroutine hanno luogo dalle sezioni o da un'altra subroutine, sono possibili nidificazioni fino a 8 livelli, ma una subroutine non può chiamare se stessa (non può essere ricorsiva). Le subroutine sono assegnate a un task e la stessa subroutine non può essere chiamata da diversi task.

➢ Linguaggi di programmazione

Prima di descrivere i cinque linguaggi di programmazione utilizzabili con Unity Pro, sono brevemente descritte le librerie a cui accedono.

Tutte le famiglie di dati, funzioni, procedure e variabili utilizzate dai linguaggi di programmazione sono racchiuse in un unico gruppo di librerie chiamato FFB (Families Function Block). Questa caratteristica permette di utilizzare tutti i comandi e le funzioni con qualsiasi linguaggio di programmazione senza alcuna limitazione o difficoltà; sarà l'editor ad implementare il comando in modo diverso in base al linguaggio utilizzato.

Inoltre è possibile gestire la libreria attraverso i seguenti servizi:

• caricamento di un oggetto nel progetto dalla libreria;
• trasferimento di un oggetto del progetto nella libreria;
• eliminazione di un oggetto libreria;
• aggiornamento e gestione delle versioni libreria.

È possibile suddividere i linguaggi di programmazione in

• linguaggi a codice: IL, ST;
• linguaggi grafici: LD, FBD, SFC.

Lista Istruzioni (IL)

L'editor **IL** è utilizzato per la programmazione di una sequenza di **istruzioni**.

IL è un linguaggio orientato agli accumulatori, nel quale cioè tutte le istruzioni utilizzano o modificano il contenuto attuale dell'accumulatore (una sorta di memoria intermedia interna). Le istruzioni vengono eseguite riga per riga, dall'alto verso il basso; questa sequenza può essere alterata con l'uso delle parentesi.

Ogni istruzione si compone di:

- un **operatore**: è un simbolo usato per un'operazione logica o aritmetica o per la chiamata di una funzione (FFB). Gli operatori sono generici, ossia si adattano automaticamente al tipo di dati dell'operando;
- un **modificatore** (se richiesto): influisce sull'esecuzione degli operatori;
- uno o più **operandi** (se richiesti): possono essere un indirizzo, un letterale o una variabile e devono avere lo stesso tipo di dati del contenuto attuale dell'accumulatore;
- un'etichetta o **Label**: usata come destinazione per i salti.

Un Commento può seguire un'istruzione.

Structured Text (ST)

L'editor **ST** è utilizzato per la programmazione ad **espressioni**.

Le espressioni sono costruzioni che consistono di operatori e operandi che, quando eseguiti, restituiscono un valore.

- Gli **operatori**: sono simboli che rappresentano le operazioni da eseguire.
- Gli **operandi**: sono variabili, letterali, e ingressi/uscite di blocchi funzione.

Per strutturare e controllare le espressioni sono utilizzate le **istruzioni**. Tutte le istruzioni sono fornite dalle librerie FFB. Le istruzioni si chiudono con un punto e virgola.

Ladder (LD)

La struttura di una sezione **LD** corrisponde a un percorso di corrente per circuiti a relè. La sequenza di elaborazione dei singoli oggetti dipende dal flusso di dati al suo interno. Gli oggetti usati dal linguaggio di programmazione LD sono:

- **Contatti.**

  Sono elementi LD che trasferiscono uno stato verso il proprio lato destro. Questo stato è il risultato di un'operazione booleana AND tra lo stato di ingresso sul lato sinistro e lo stato corrente del parametro booleano che rappresentano.

- **Bobine.**

  Sono elementi LD che trasferiscono lo stato non modificato di un collegamento orizzontale dal lato sinistro al lato destro. Lo stato viene memorizzato nei rispettivi parametri booleani effettivi.

- Oggetti delle librerie FFB.

  Oltre agli oggetti definiti nello standard IEC 61131-3 esistono altri blocchi per eseguire le istruzioni e le espressioni ST, nonché alcune semplici operazioni di confronto. Questi blocchi sono unicamente disponibili nel linguaggio di programmazione LD.

- Commenti.

Function Block Diagram (FBD)

L'editor **FBD** rende possibile la programmazione grafica dei blocchi funzione.

Gli oggetti del linguaggio di programmazione FBD (Function Block Diagram) permettono di strutturare una sezione in un insieme di blocchi (presi dalle librerie FFB) connessi o tramite collegamenti o per mezzo di parametri attuali.

La sequenza di esecuzione è inizialmente determinata dalla posizione degli FFB all'interno della sezione (esecuzione da sinistra a destra e dall'alto al basso). Se successivamente gli FFB vengono connessi con collegamenti grafici in modo da formare una rete, la sequenza di esecuzione viene determinata dal flusso dei segnali. La sequenza di esecuzione è indicata dal numero di esecuzione presente in ogni blocco.

È possibile aggiungere commenti per la logica di sezione.

Sequential Function Chart (SFC)

Una sezione **SFC** è una "macchina di stato" composta da **passi** e **transizioni**. Tramite i passi attivi viene riprodotto lo stato corrente, mentre le transizioni riflettono il comportamento di commutazione/variazione. I passi e le transizioni sono collegati tra loro tramite collegamenti orientati. Due passi non possono mai essere collegati direttamente, bensì sono sempre separati da una transizione. Ad ogni passo appartengono zero o più **azioni**. Ad ogni transizione appartiene una **condizione** di transizione. L'ultima transizione della catena è sempre collegata a un altro passo della stessa (tramite un collegamento grafico o un simbolo di salto), in modo da ottenere un circuito chiuso. Le sequenze di passi sono quindi elaborate in maniera ciclica.

Questo linguaggio di programmazione utilizza delle strutture di dati proprie per definire le proprietà e lo stato del diagramma (Chart). Ogni passo è costituito da due strutture:

- **SFCSTEP_STATE**

  Questa struttura raggruppa tutti i dati legati allo stato della fase o del passo macro e comprende i seguenti dati:

  o x: dato elementare (EDT) di tipo BOOL contenente il valore TRUE quando la fase è attiva;

  o t: dato elementare (EDT) di tipo TIME contenente la durata dell'attività del passo;

  o tminErr: dato elementare (EDT) di tipo BOOL contenente il valore TRUE se la durata dell'attività della fase è inferiore alla durata minima programmata dell'attività;

o tmaxErr: dato elementare (EDT) di tipo BOOL contenente il valore TRUE se la durata dell'attività della fase è superiore alla durata minima programmata dell'attività.

Questi dati sono accessibili a partire dall'applicazione in sola lettura.

- **SFCSTEP_TIMES**

  Questa struttura raggruppa i dati legati alle parametrizzazioni della durata di esecuzione della fase o del passo macro. Si tratta dei seguenti dati:

  o delay: dato elementare (EDT) di tipo TIME che definisce il tempo di ritardo di scansione della transizione situata a valle della fase attiva;

  o tmin: dato elementare (EDT) di tipo TIME contenente il valore minimo durante il quale il passo deve essere eseguito. Se questo valore non viene rispettato, il dato tmax.Err passa al valore TRUE.

  o tmax: dato elementare (EDT) di tipo TIME contenente il valore massimo durante il quale il passo deve essere eseguito. Se questo valore non viene rispettato, il dato tmax.Err passa al valore TRUE.

  Questi dati sono accessibili soltanto a partire dall'editor dell'SFC.

Le sezioni in linguaggio diagramma funzionale sequenziale sono costituite dai seguenti elementi:

- un grafico principale (**Chart**) programmato in SFC;
- eventuali **sezioni macro** (MS) programmate in SFC;
- azioni e condizioni di transizioni legate a variabili o a sezioni programmate in LD, FBD , ST o IL.

Le sezioni SFC sono programmabili soltanto nel task Master

Il grafico principale è costituito dai seguenti oggetti:

- Passo.

  Un passo diventa attivo quando diventa inattivo il passo precedente e quando è soddisfatta la transizione impostata a monte. Un passo diventa normalmente

31

inattivo quando è soddisfatta la transizione impostata a valle. L'attivazione di un passo corrisponde all'attivazione dell'azione collegata.

- Passo macro.

È utilizzato per attivare una sezione macro (MS). Una sezione macro è costituita da un'unica catena sequenziale cui sono disponibili, in linea di principio, gli stessi elementi di una sezione SFC (ad es. passi, passo iniziale, passi macro, transizioni, diramazioni, giunti, ecc.). Ogni sezione macro contiene al suo inizio un passo d'ingresso e alla sua fine un passo di uscita.

Ogni passo macro può essere sostituito dalla catena sequenziale contenuta nella sezione macro relativa.

- Transizione.

Una transizione specifica la condizione con cui il controllo passa da uno o più passi che precedono la transizione a uno o più passi successivi lungo il collegamento corrispondente. L'attivazione di una transizione provoca la disattivazione (reset) di tutti i passi immediatamente precedenti relativi alla transizione stessa, seguita dall'attivazione di tutti i passi immediatamente seguenti.

Il tempo di attivazione (tempo di commutazione) di una transizione può essere teoricamente considerato come il più breve possibile, ma non può mai essere pari a zero.

Ad ogni transizione è associata una condizione di transizione con il tipo di dati BOOL.

- Collegamento.

È usato per unire tra loro tutti gli elementi presenti in un grafico SFC.

- Salto.

I salti vengono impiegati per rappresentare i collegamenti orientati che non vengono tracciati per tutta la loro lunghezza. La destinazione del salto è caratterizzata da un simbolo (>).

- Diramazione alternativa e giunto alternativo.

La diramazione alternativa permette di programmare in modo condizionale delle diramazioni nel flusso di controllo della struttura SFC.

Nelle diramazioni alternative un passo è seguito da un numero di transizioni sotto la riga orizzontale pari al numero di processi diversi esistenti.

Tutte le diramazioni alternative vengono di nuovo riunite mediante giunti alternativi o salti in un unico ramo in cui poi prosegue l'elaborazione.

- Derivazione parallela e Giunto parallelo.

Nella derivazione parallela la commutazione di una singola transizione provoca l'attivazione parallela di più (massimo 32) passi (diramazioni). La direzione di esecuzione va da sinistra a destra. Dopo questa attivazione comune ha luogo l'esecuzione, reciprocamente indipendente, delle singole diramazioni.

Tutte le derivazioni parallele sono raggruppate mediante un giunto parallelo. La transizione dopo un giunto parallelo viene analizzata quando sono stati attivati tutti i passi collegati a monte.

La logica della sezione può essere commentata mediante oggetti testuali.

Azione

Un'azione può essere:

- una variabile o un indirizzo booleani,
- un letterale
- una sezione azione: sezione implementata con un linguaggio di programmazione a scelta tra FDB, LD, IL o ST.

Per qualsiasi collegamento di azioni a passi, è necessario definire un carattere distintivo legato all'azione, che definisca il controllo dell'azione. Questo carattere distintivo è chiamato **qualificatore**.

Ad un passo si possono associare nessuna, una o più azioni. Se ad un passo sono associate più azioni, queste verranno elaborate nell'ordine in cui sono eseguite nel campo dell'elenco di azioni a meno che non siano presenti dei qualificatori (le azioni con il carattere qualificatore P1 vengono sempre eseguite per prime, mentre quelle con il carattere qualificatore P0 vengono eseguite per ultime). Ad ogni passo si possono assegnare al massimo 20 azioni.

Le azioni hanno sempre un nome univoco che corrisponde al nome della variabile o della sezione di azione.

Condizione di transizione

Come condizione di transizione sono ammessi:

- una variabile o un indirizzo di ingresso o uscita;
- un letterale;
- una sezione di transizione: si tratta di una sezione che contiene la logica della condizione di transizione ed è automaticamente collegata alla transizione (Il nome della sezione di transizione è sempre identico alla transizione assegnata). I linguaggi di programmazione ammessi per le sezioni di transizione sono: FBD, LD, IL e ST.

3.1.6 Editor tabelle di animazione

Questo editor consente di creare una tabella di animazione. Nelle finestre di animazione è possibile visualizzare, modificare o forzare i valori di tutte le variabili del progetto. È possibile modificare il singolo valore o più valori contemporaneamente.

3.1.7 Editor schermata operatore

L'editor schermata operatore consente di creare, modificare e gestire in modo semplice le schermate operatore. Una finestra operatore consente di monitorare e modificare, in modo semplice e veloce, le variabili di automazione. Dalle schermate è possibile:

- inserire oggetti da una libreria. La libreria consente agli utenti di creare i propri oggetti e di inserirli in una famiglia di librerie;
- modificare gli attributi degli oggetti;
- manipolare gli oggetti che compongono la schermata;
- utilizzare le schermate nella modalità online.

3.1.8   Editor documentazione

Unity Pro consente di creare la documentazione per il progetto. Gli argomenti per la documentazione vengono visualizzati in una struttura ad albero che contiene tutti gli elementi del browser del progetto utilizzati, vale a dire che gli elementi non utilizzati nel progetto non vengono visualizzati come argomenti della documentazione. Inoltre, la struttura contiene alcuni argomenti specifici alla stampa, ad esempio la pagina del titolo e il sommario. Nella struttura è possibile scegliere quali argomenti si desidera stampare o visualizzare (anteprima di stampa) e quali tralasciare.

3.1.9   Tipi di file di progetto

L'applicativo sviluppato con il software Unity può essere salvato in vari "formati" a seconda dell'uso a cui sono destinati successivamente. I tipi di file possono essere identificati dalla loro estensione:

- *.STU:
  questo tipo di file è usato per task di lavoro giornalieri ed è il formato standard durante l'apertura o il salvataggio di un progetto utente. Questa estensione consente di salvare il progetto in qualunque fase e inoltre apertura e caricamento del file sono veloci, ma le grandi dimensioni lo rendono poco interessante in caso di trasferimento del progetto.
- *.STA:
  è usato per l'archiviazione dei progetti e può essere creato solo dopo che è stato generato il progetto. Poiché il file è di dimensioni ridotte, è molto

comodo per il trasferimento e può essere inviato per e-mail, ma ciò comporta lunghi tempi di caricamento in quanto il database interno deve essere ricreato.

- *.XEF:

  questo tipo di file è utilizzato per esportare progetti in un formato sorgente XML così da assicurare la compatibilità con le altre versioni di Unity Pro. Può essere creato in una qualunque fase del progetto, ma l'apertura del file richiede tempo e per l'utilizzo su PLC sono necessari generazione del progetto e download nel processore.

È inoltre presente l'estensione *.CTX che contiene le informazioni relative al "contesto grafico" al momento dell'apertura del file STU (posizione, dimensione delle finestre attive al momento del salvataggio del file).

3.1.10 Servizi di debug

È un insieme di servizi che aiutano ad individuare e correggere eventuali errori.

I principali servizi sono:

- Impostazione di **punti di interruzione** (breakpoint): consentono di interrompere l'esecuzione del progetto nel punto desiderato.
- **Esecuzione passo passo** (step-by-step) del programma: consente l'esecuzione graduale del programma. Le funzioni passo passo sono disponibili se il progetto è stato arrestato mediante il raggiungimento di un punto di interruzione o si trova già in modalità passo passo.
- **Memoria chiamate** per il richiamo del percorso completo del programma.
- Impostazione di **punti di controllo**: permettono di vedere i dati PLC nel momento esatto in cui vengono creati.
- Controllo di ingressi ed uscite.
- **Animazione delle sezioni**: è possibile animare le sezioni di tutti i linguaggi di programmazione (FBD, LD, SFC, IL e ST). In questo modo portando il puntatore del mouse su una variabile è possibile visualizzarne il valore. Inoltre

per ogni variabile si può creare una finestra di controllo che visualizza il valore delle variabili, il loro indirizzo e il relativo commento (se presente).

3.1.11 Servizi di diagnostica

La diagnostica di Unity Pro consiste in un insieme di strumenti e funzionalità che consente di intervenire in qualsiasi fase dello sviluppo e dell'utilizzo di un'applicazione di automazione.

Le risorse disponibili per la diagnostica sono:

- oggetti IODDT utilizzati per verificare lo stato di un canale o di un modulo;
- schermata di diagnostica dell'editor di configurazione;
- **visualizzatore di diagnostica**: se si verificano degli errori, gli stessi vengono visualizzati in una finestra di diagnostica. Per la correzione di un errore è possibile aprire, direttamente dal visualizzatore diagnostica, la sezione che lo ha provocato.

Grazie a questi servizi, la diagnostica diventa parte integrante del progetto e può pertanto essere prevista durante la fase di sviluppo per consentire di soddisfare al meglio i requisiti dell'utente e del personale di manutenzione. Inoltre gli errori sono registrati e datati all'origine nel PLC, vale a dire che le informazioni fornite sono una rappresentazione esatte dello stato del processo.

3.1.12 Altri servizi

Tra gli altri servizi sono menzionati:

- Simulatore PLC.

  Un comodo tool integrato è il Simulatore della CPU, che consente di verificare il codice programma scritto dall'utente senza il collegamento ad un PLC reale. Tutti i task del progetto (Mast, Fast ed eventi), eseguiti in un PLC reale, sono disponibili anche nel simulatore e le procedure di trasferimento e debug sono identiche. La differenza rispetto a un PLC reale consiste nella mancanza di moduli I/O e di reti di comunicazione in quanto hanno un comportamento in tempo reale non deterministico.

- Manuali di aiuto in linea.

Un completo Help in linea integrato nel software di programmazione consente di recuperare gran parte delle informazioni relative all'ambiente di sviluppo e alle istruzioni/funzioni disponibili nelle librerie FFB con relativi esempi riportati nei vari linguaggi di programmazione.

- Gestore della sicurezza di accesso.

Grazie a questo strumento è possibile limitare e controllare l'accesso alle diverse funzionalità del software. È presente un super user, unico gestore della sicurezza, che definisce l'elenco degli utenti che possono accedere al software ed i loro diritti di accesso. Unity Pro consente la creazione di 5 profili utente, oltre al super user.

Tabella 6: Profili utente per Unity Pro

Profilo	Descrizione
Sola lettura	L'utente può accedere al progetto in modalità di sola lettura, ad eccezione dell'indirizzo del PLC, che può essere modificato. L'utente può inoltre copiare o scaricare il progetto.
Operativo	L'utente dispone degli stessi diritti concessi al profilo "Sola lettura", a cui è stata aggiunta la possibilità di modificare i parametri di esecuzione (costanti, valori iniziali, durate dei cicli di task e così via).
Regolazione	L'utente dispone degli stessi diritti concessi al profilo "Operativo", a cui è stata aggiunta la possibilità di caricare un progetto (trasferimento al PLC) e di modificare la modalità operativa del PLC (Run, Stop e così via).
Debug	L'utente dispone degli stessi diritti concessi al profilo "Regolazione", a cui è stata aggiunta la possibilità di utilizzare gli strumenti di debug.
Programma	L'utente dispone degli stessi diritti concessi al profilo "Debug", a cui è stata aggiunta la possibilità di modificare il programma.
Disattivato	L'utente non può accedere al progetto.

- Protezione di sezione.

Questa funzione permette di proteggere le sezioni del programma con una password.

- Protezione per tipi DFB.

Esistono quattro livelli di protezione per un tipo DFB:

o Sola lettura: le directory dei parametri del tipo DFB sono in formato di sola lettura.

o Protezione versione: il tipo DFB non è protetto ad eccezione del numero di versione DFB.

o Non lettura e scrittura: le directory dei parametri privati dei tipi DFB e le sezioni non vengono visualizzate. Tutte le altre directory dei parametri di tipo DFB (ingressi, uscite, ingressi/uscite e parametri pubblici) sono accessibili dall'editor dati in formato di sola lettura.

o Nessuna protezione: il tipo DFB non è protetto.

- Uso della memoria.

La funzione di uso della memoria permette di visualizzare le seguenti informazioni:

o distribuzione fisica della memoria del PLC (memoria interna e scheda di memoria);

o spazio di memoria utilizzato da un progetto (dati, programma, configurazione, sistema)

Quando la scheda di memoria è nel Modicon M340, l'accesso è possibile:

o con il PLC (in maniera automatica);

o con i comandi Unity Pro;

o mediante programmazione con gli EFB di gestione file della scheda di memoria;

o con un client FTP per gestire i file sulla scheda di memoria.

Quando la scheda di memoria è inserita in un'unità o lettore di schede SD, è possibile accedervi come a un supporto di memorizzazione dati (ad esempio, una chiave o un disco rigido USB).

- Collegamenti ipertestuali.

Per creare collegamenti tra il progetto e documenti esterni è possibile utilizzare la funzione collegamento ipertestuale disponibile nel software Unity Pro.

Inoltre si possono creare collegamenti ipertestuali da un campo commento. Un collegamento ipertestuale in un commento viene utilizzato per estendere il commento ad altri dati al di fuori del progetto, che può assumere tutte le forme per rappresentare le informazioni.

3.2 Unity Loader

Questo software è fornito nello stesso pacchetto di Unity Pro e permette di trasferire le applicazioni in modo bidirezionale tra il PLC ed il computer, senza accedere alla programmazione.

Per il riconoscimento e la configurazione del PLC è sufficiente specificare sul calcolatore il tipo di collegamento ed il canale usato (SYS per la connessione USB, l'indirizzo IP per la connessione Ethernet). In questo modo il software può accedere alle informazioni del PLC mostrando all'utente:

- il tipo di connessione stabilita;
- in caso di connessione Ethernet, l'indirizzo MAC del PLC collegato: in questo modo è possibile verificare che il PLC collegato sia effettivamente quello richiesto in quanto in una rete possono essere presenti più dispositivi, ma l'indirizzo MAC è unico per ogni porta Ethernet;
- l'orario e la data presenti;
- le informazioni relative al firmware (sistema operativo);
- le informazioni relative al progetto (se presente);
- le informazioni sulla memoria e sullo spazio libero disponibile nella partizione file system.

Servizi offerti da Unity Loader:

- Scansione rete.

  In caso di collegamento Ethernet è possibile compiere sulla rete la scansione di un range di indirizzi IP così da poter conoscere i dispositivi presenti in rete e stabilire l'indirizzo IP del dispositivo che si vuole connettere con Unity Loader.

- Sincronizzazione dell'orologio.

  Al momento della connessione vengono automaticamente confrontati l'orario e la data presenti sui due dispositivi (computer e PLC) e, in caso di differenze, viene proposta la sincronizzazione (specificando il verso di trasmissione dei dati).

- Trasferimento progetto, dati progetto, file progetto.

  Unity Loader permette il trasferimento di un'applicazione tra computer e PLC o viceversa. Per entrambi i sistemi sono fornite le caratteristiche principali del progetto specificando nome, versione e data dell'ultima creazione. In questo modo è possibile verificare con semplicità se i progetti sono differenti e, in tal caso, decidere se effettuare il trasferimento specificando il verso di trasmissione.

  Allo stesso modo è possibile trasferire delle informazioni dati da o verso i registri %M e %MW e trasferire delle Pagine Web o degli archivi dati da o verso la memoria del PLC.

- Aggiornamento firmware.

  Così come è possibile il trasferimento del progetto, è possibile anche il trasferimento del firmware. In questo modo si può effettuare l'aggiornamento del sistema operativo del processore direttamente dal computer. Dopo l'aggiornamento di un modulo è necessario eseguire il reset hardware del PLC.

  È possibile anche salvare un firmware nella scheda di memoria SD così da poterla utilizzare in seguito per l'aggiornamento firmware (FW) di un altro PLC M340. Su una scheda di memoria è possibile salvare un solo firmware.

- Inviare al processore il comando di avvio/arresto.

Una volta completati sincronizzazione e trasferimento, è possibile effettuare i comandi base del processore direttamente da Unity Loader. In particolare è possibile usare i comandi RUN e STOP per eseguire o fermare l'applicazione.

3.3 Modicon M340 Design Help System

Questo programma non si connette al PLC, ma permette di conoscere in modo semplice le informazioni relative ai moduli compatibili con i PLC Modicon.

Basta inserire il nome del PLC ed il software fornirà per ogni modulo utilizzabile, le informazioni relative a:

- caratteristiche, funzioni e servizi offerti;
- capacità;
- modalità di indirizzamento;
- numero di ingressi/uscite (per moduli I/O);
- specifiche tecniche meccaniche ed elettriche (come per esempio tensioni e correnti usate).

Con questa applicazione è possibile non solo ottenere informazioni relative ai moduli che si hanno a disposizione fisicamente, ma anche conoscere le potenzialità di tutti i moduli offerti da Modicon, così da poter scegliere la configurazione migliore per soddisfare le esigenze proprie e del progetto che si intende realizzare.

È possibile importare o esportare da/su Unity Pro la configurazione stabilita così da procedere nella realizzazione del programma.

2. INTERFACCE

Per l'interfacciamento con altri dispositivi, Modicon M340 utilizza non solo i moduli I/O, ma anche le porte del modulo processore. In questo modo è possibile effettuare lo scambio di dati tra vari dispositivi collegati a un bus o a una rete.

Come già detto il PLC presenta una connessione USB, una connessione Ethernet ed una connessione CANOPEN.

4.1   USB

La connessione **USB**, usata per lo scambio di informazioni tra il PLC ed il terminale di programmazione (solitamente un computer), rende la comunicazione semplice ed efficiente e non è necessaria alcuna configurazione aggiuntiva oltre all'istallazione dei programmi applicativi sul calcolatore.

4.2   Ethernet

La connessione **Ethernet** fornisce al PLC enormi potenzialità in quanto consente la comunicazione in rete. Ciò facilita notevolmente:

- il coordinamento tra controller programmabili;
- la supervisione locale o centralizzata;
- la comunicazione con l'elaborazione dati aziendali di produzione;
- la comunicazione con ingressi/uscite remoti.

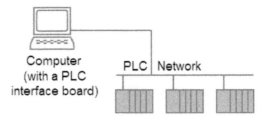

Figura 8: Esempio di rete

Grazie alla porta di comunicazione Ethernet presente sul processore sono disponibili i seguenti servizi:

- connessione Ethernet a 10 Mbit/s;
- connessione Ethernet a 100 Mbit/s;
- Modbus TCP/IP;
- SNMP (Simple Network Management Protocol);
- controllo ampiezza di banda;
- SMTP (Simple Mail Transport Protocol).

Inoltre è possibile inserire nel PLC anche moduli esterni al processore (BMX NOE 0100 o BMX NOE 0110) che forniscono i servizi citati (tutti ad eccezione di SMTP) e alcune funzioni aggiuntive:

- scanner degli I/O;
- dati globali;
- server HTTP integrato;
- servizio di sincronizzazione dell'ora.

Poiché le funzionalità sono così elevate, a differenza della connessione USB, i servizi Ethernet devono essere configurati.

Vediamo nello specifico i servizi offerti.

4.2.1 10/100 BASE-T

La connessione Ethernet offerta supporta gli standard **10 Base-T** (velocità a 10 Mbit/s) e **100 Base-T** (velocità 100 Mbit/s) entrambi in modalità sia half duplex che full duplex.

La velocità di linea non è configurata dall'utente, bensì è determinata da processi di rilevazione e negoziazione automatici che consentono al modulo Ethernet di configurarsi automaticamente e rapidamente alla velocità e alla modalità duplex dello switch Ethernet locale. La velocità negoziata tra i due dispositivi Ethernet è limitata alla velocità del dispositivo più lento.

4.2.2 Modbus TCP/IP

Questo servizio consente la comunicazione client/server mediante protocollo **Modbus** tra il PLC ed i numerosi dispositivi che utilizzano questo stesso protocollo. Inoltre permette di scambiare attraverso TCP/IP Ethernet non solo dati di automazione, ma anche dati di altre applicazioni (scambio di file, pagine Web, posta elettronica e così via).

Con Modbus TCP/IP lo stesso modulo può comunicare con un dispositivo remoto in modalità client e un altro dispositivo remoto in modalità server.

Attraverso Modbus è possibile accedere ai registri %Mi e %MWi del PLC da dispositivi esterni. I codici di accesso sono:

- "DO 0xxxxx" +1 (Output digitali salvati nei registri %M);
- "DI 1xxxxx" +1 (Input digitali salvati nei registri %M);
- "AI 3xxxxx" +1 (Input analogici salvati nei registri %MW);
- "AO 4xxxxx" +1 (Output analogici salvati nei registri %MW).

(Ad esempio per leggere il registro %M0, il dispositivo userà il codice DI 100001, per scrivere sul registro %MW18, il dispositivo userà il codice AO 400019).

Per comunicare su reti Ethernet è necessario impostare i parametri di configurazione relativi al protocollo TCP/IP dichiarando i parametri di configurazione IP (l'indirizzo IP, la subnet mask e l'indirizzo gateway) ed il formato Ethernet (Ethernet II o 802.3). La porta TCP riservata è la porta 502.

Per maggiori informazioni riguardo il protocollo Modbus è possibile visitare il sito http://www.modbus-ida.org/.

4.2.3 SNMP (Simple Network Management Protocol)

Il sistema di gestione di rete **SNMP** consente all'amministratore di rete di:

- monitorare e controllare i componenti di rete;
- isolare i problemi e individuarne le cause;
- interrogare dispositivi, quali computer host, router, commutatori e bridge per determinarne lo stato;
- recuperare statistiche sulle reti a cui tali dispositivi sono collegati.

La struttura SNMP si basa sui seguenti elementi essenziali:

- Gestore: consente la supervisione parziale o completa della rete;
- Agenti: ogni dispositivo supervisionato dispone di uno o più moduli software denominati "Agente";
- MIB: Management Information Base, ovvero un database o una raccolta di oggetti.

Per la configurazione, si devono immettere gli indirizzi Gestore indirizzo IP (massimo due) ed i campi Agente "posizione" (indica la posizione fisica del dispositivo) e "contatto" (indica la persona da contattare per la gestione del dispositivo e il metodo di contatto).

Questo servizio utilizza il protocollo UDP ed ha come porta di default la porta 161.

4.2.4 Controllo ampiezza di banda

In base ai dati sul carico di lavoro recuperati, il servizio di **controllo dell'ampiezza di banda** fornisce informazioni sulle risorse disponibili per il modulo e sulla capacità di lavoro corrente del modulo.

Per la configurazione di questo servizio, stimare il traffico di rete specificando:

- il numero di pubblicazioni al secondo di dati globali nel gruppo (se presenti);
- il numero di richieste Modbus/TCP al secondo dalla rete;
- il numero di richieste Modbus/TCP al secondo in uscita.

Scegliere uno dei tre ambienti per eseguire il polling di rete:

- isolato: diminuisce l'impatto della comunicazione Ethernet sulla scansione limitando il numero di messaggi Ethernet interrogati a 700 al secondo;
- master: aumenta il numero massimo di messaggi interrogati a 1400 al secondo;
- aperto: aumenta il numero massimo di messaggi interrogati a 2100 al secondo.

Bisogna tenere presente che un incremento del numero di messaggi interrogati aumenta il carico sul modulo CPU. Questo risulta evidente in un tempo di scansione ridotto.

4.2.5 SMTP (Simple Mail Transport Protocol)

Il servizio di notifica e-mail **SMTP** consente ai progetti basati su controller di segnalare allarmi o eventi. Il controller esegue il monitoraggio del sistema e crea dinamicamente un messaggio e-mail per avvisare utenti locali o remoti.

Per attivare il servizio SMTP è necessario configurare l'indirizzo IP, la porta TCP (25 di default), l'autenticazione (Login e password) e tre intestazioni mail (inserendo in ognuna mittente, destinatario e oggetto).

4.2.6 Dati globali

La funzione principale dei **dati globali** è la sincronizzazione tra le applicazioni di PLC remoti. Infatti il servizio fornisce scambi in tempo reale tra le stazioni appartenenti allo stesso gruppo di distribuzione e permette di condividere un database comune tra varie applicazioni distribuite. Gli scambi di dati si basano su un protocollo standard produttore/consumatore che fornisce prestazioni ottimali riducendo al minimo il carico di rete.

Per configurare i dati globali, in un primo momento si deve accedere all'editor delle variabili di Unity Pro e definire, per ogni variabile, una delle tre opzioni:

- NO: né pubblicata né sottoscritta;
- PUB: pubblicata;
- SUB: globali.

Successivamente si devono configurare i seguenti parametri generali:

- timeout stato: per regolare il valore di "timeout" dello stato;
- indirizzo gruppo: indica l'indirizzo IP multicast del gruppo di distribuzione a cui appartiene la stazione;
- periodo di distribuzione;
- nome del gruppo;
- filtro multicasting.

4.2.7   I/O Scanning

Lo **scanner degli I/O** permette di accedere ai dispositivi remoti presenti sulla rete Ethernet offrendo la possibilità di leggere e scrivere ingressi e uscite e di aggiornare i bit di stato. Questo servizio funziona con tutti i dispositivi che supportano la modalità server Modbus TCP/IP.

Per la configurazione occorre impostare tramite Unity Pro i seguenti parametri:

- La lista di scansione I/O:
  una tabella di configurazione che identifica le destinazioni con cui è autorizzata la comunicazione ripetitiva. Mentre la CPU è in funzione, il modulo Ethernet trasferisce i dati ai registri della CPU e li riceve da questi ultimi, in base a quanto indicato nella lista di scansione I/O. Lo scanner degli I/O stabilisce una connessione per ogni voce della tabella e, se sono presenti più voci con lo stesso indirizzo IP, vengono stabilite più connessioni.

- Il periodo di scansione per ogni dispositivo:
  gli ingressi/uscite remoti vengono analizzati periodicamente, in base ai requisiti dell'applicazione quindi è necessario definire un periodo di scansione per ogni dispositivo, in base alla velocità di aggiornamento.

- I parametri generali (Zone %MW del master):
  definire i campi di parole interne della memoria dell'applicazione (%MW) specifici delle aree di lettura e scrittura facendo attenzione che le tabelle non si sovrappongano.

4.2.8 Server HTTP Integrato

un server Web integrato consente l'accesso in tempo reale ai dati del PLC attraverso una connessione TCP/IP e la possibilità di eseguire operazioni di diagnostica sull'intera configurazione.

Questa funzione è inoltre adatta per la creazione di schermate grafiche per:

- visualizzazione, monitoraggio o diagnostica;
- creazione di rapporti di produzione in tempo reale;
- guida alla manutenzione;
- guide per operatori.

Tutti i dati vengono presentati sotto forma di pagine Web standard in formato HTML ed è possibile accedere a queste pagine utilizzando Internet Explorer 4.0 o successivo.

4.2.9 Servizio di sincronizzazione dell'ora

Questo servizio stabilisce un orologio locale esatto facendo riferimento a un server NTP (Network Time Protocol). È utilizzato per effettuare le seguenti operazioni:

- registrazione di eventi;
- sincronizzazione di eventi;
- sincronizzazione di allarmi.

Per la configurazione inserire nella pagina di configurazione NTP l'indirizzo IP del server NTP principale, l'indirizzo IP del server NTP secondario, il periodo polling (in secondi) ed il fuso orario.

4.3   CANopen

Il bus **CAN** (Controller Area Network), sviluppato in origine per i sistemi integrati alle automobili, è oggi utilizzato in numerosi settori come: trasporto, apparecchiature mobili, apparecchiature mediche, edilizia, controllo industriale.

I punti di forza del sistema CAN sono:

- sistema di allocazione del bus;
- rilevamento degli errori;
- affidabilità dello scambio di dati.

Il protocollo CAN consente ad ogni nodo di avviare la trasmissione di un pacchetto dati quando il bus è a riposo. Se due o più nodi avviano la trasmissione di pacchetti dati allo stesso istante, il conflitto d'accesso al bus viene risolto per arbitraggio utilizzando l'identificatore incluso nel pacchetto dati. L'emettitore che ha l'identificatore a più alta priorità ottiene l'accesso al bus, i pacchetti degli altri emettitori saranno automaticamente ritrasmessi successivamente.

CANopen specifica il protocollo di livello più alto basato sul bus CAN.

La rete CANopen ha una struttura master/slave per la gestione del bus ed è costituita da un master e da uno o più slave. Il master esegue sugli slave le funzioni di inizializzazione, supervisione ed inoltro delle informazioni di stato.

I dispositivi che possono essere collegati al PLC Modicon M340 tramite un bus CANopen e configurati in Unity Pro sono raggruppati in base alle rispettive funzioni:

- dispositivi di comando di movimento;
- dispositivi I/O;
- altri dispositivi.

I dispositivi di comando di movimento permettono il controllo di motori e sono:

- Altivar: consente di controllare la velocità di un motore mediante il controllo del vettore di flusso.

- Lexium: la gamma di servoazionamenti Lexium 05 compatibili con i servomotori BSH rappresenta una combinazione compatta e dinamica per le macchine che operano in un ampio campo di potenza (0,4...6 kW) e di tensione.

- IcLA: sono unità compatte ed intelligenti che integrano tutto il necessario per i task di movimento: controller di posizionamento, elettronica di alimentazione e servomotore, motore EC o passo passo.

- Osicoder: è un sensore che utilizza il segnale elettrico di un encoder per rilevare la posizione angolare dell'albero.

- Tesys T: è un sistema di gestione motore che fornisce il rilevamento del sovraccarico, funzioni di misura e monitoraggio per motori monofase e trifase, velocità costante, motori AC fino a 810 A.

- Azionamento passo passo SD328A: è utilizzabile universalmente e dispone di un'uscita per una connessione diretta di un freno di mantenimento opzionale.

I moduli di ingresso/uscita funzionano come moduli remoti. Questi dispositivi sono:

- Tego Power: è un sistema modulare che standardizza e semplifica l'implementazione degli starter dei motori con i circuiti di alimentazione e controllo precablati.

- Advantys FTB: è composto da diversi ingressi/uscite che consentono il collegamento di sensori e attuatori.

- Advantys OTB: consente di creare isole d'ingresso/uscita digitali o analogici IP20 e di collegarli accanto ai captatori attivi.

- Advantys FTM: è un sistema modulare che permette di collegare un numero variabile di splitter box di I/O, usando una sola interfaccia di comunicazione. Una volta installato il sistema è pronto per il funzionamento.

- Dispositivi Preventa: sono controller di sicurezza elettronici per il monitoraggio delle funzioni di sicurezza.

Altri dispositivi:

- Advantys STB: sono isole costituite da un insieme di moduli collegati tra loro da un bus locale CANopen. Gli elementi modulari principali sono il modulo d'interfaccia di rete, il modulo di distribuzione alimentazione, i moduli di ingresso/uscita digitali o analogici e i moduli speciali. I moduli STB possono essere utilizzati solo in un'isola STB.

- Tesys U-line: sono degli starter per motore utilizzati per un'ampia gamma di prodotti. Questi dispositivi eseguono le funzioni di controllo dell'applicazione e di protezione e controllo dei motori trifase o monofase.

- Terminale a valvola Festo CPV Direct: le valvole CPV sono valvole a collettori seriali che, oltre alla funzione valvola, contengono prestazioni pneumatiche e connessioni per l'alimentazione nonché scarico convogliato e linee di lavorazione.

- Terminale Festo CPX: è un sistema periferico modulare per terminali a valvola. Il sistema è stato progettato specificamente per poter adattare il terminale a valvola ad applicazioni diverse e può anche essere usato senza valvole come un sistema di I/O remoto.

- Parker Moduflex: è un sistema a valvole che fornisce un'automazione pneumatica flessibile. In base al tipo di applicazione è possibile assemblare isole corte o lunghe. Inoltre la protezione IP 65-67 contro la polvere e i liquidi permette di installare la valvola vicino ai cilindri per ottenere tempi di risposta più brevi e consumo d'aria inferiore.

Per i cilindri isolati su una macchina, è preferibile posizionare la valvola in prossimità, pertanto si ritiene ideale un modulo stand-alone della serie "S" in quanto il tempo di risposta e il consumo d'aria è ridotto al minimo. I moduli periferici possono essere installati direttamente nella valvola.

Per piccoli gruppi di cilindri che richiedono isole a valvola di prossimità sono preferibili i moduli d'isola a valvole della serie "T". I moduli con funzioni diverse e passaggi di flusso possono essere combinati nello stesso insieme di isole, offrendo una flessibilità totale per adattare i requisiti delle varie macchine.

Implementazione software della comunicazione CANopen

Per implementare un bus CANopen, è necessario definire il contesto fisico dell'applicazione all'interno del quale esso viene integrato (rack, alimentazione, processore, moduli).

La configurazione di un'architettura CANopen è integrata in Unity Pro. Una volta configurato il canale del master CANopen, nel browser del progetto viene automaticamente creato un nodo. Da questo nodo sarà possibile avviare l'Editor del bus per definire la topologia del bus e gli elementi CANopen.

I parametri dei dispositivi CANopen possono avere quattro tipi di configurazione:

- configurazione mediante funzioni predefinite dei dispositivi;

- configurazione mediante Unity Pro;
- configurazione mediante un software esterno;
- configurazione manuale dal pannello del dispositivo.

4.4 Indirizzamento

Il PLC Modicon M340 offre la possibilità di indirizzare qualsiasi canale di comunicazione e qualsiasi dispositivo collegato direttamente a un canale di comunicazione del PLC.

Ogni dispositivo è identificato da un indirizzo univoco, composto dal numero del dispositivo o da un indirizzo IP. Gli indirizzi variano a seconda del protocollo utilizzato (Ethernet TCP/IP o CANopen).

L'indirizzamento si basa sui seguenti concetti:

- il comando usato per l'indirizzamento è ADDM() ed ha come parametro una stringa contenente il canale di comunicazione e l'indirizzo del nodo;
- il canale di comunicazione è esplicito (posizione del processore o del modulo e numero del canale di comunicazione) o simbolizzato con il nome Netlink per la comunicazione Ethernet;
- l'indirizzo del nodo dipende dal protocollo di comunicazione utilizzato (indirizzo IP con Ethernet, indirizzo del nodo con CANopen);
- per l'indirizzamento di un server TCP Modbus, l'indirizzo del nodo è seguito da TCP.MBS.

Per l'indirizzamento di una stazione su Ethernet si usano le seguenti forme:

- ADDM('Netlink{hostAddr}')
- ADDM('Netlink{hostAddr}TCP.MBS')
- ADDM('r.m.c{hostAddr}')
- ADDM('r.m.c{hostAddr}TCP.MBS')

- ADDM('{hostAddr}')
- ADDM('{hostAddr}TCP.MBS')

dove:

- "Netlink" è il nome della rete impostato nel campo collegamento di rete del canale Ethernet;
- "hostAddr" è l'indirizzo IP del dispositivo;
- "r", "m", "c" sono rispettivamente il numero del rack (dipendente dalla posizione del PLC sul bus), il numero del modulo (dipendente dalla posizione del modulo nel PLC) ed il numero del canale (dipendente dalla posizione della porta sul modulo).

Per l'indirizzamento di un dispositivo su un bus CANopen si usa

ADDM('r.m.c.e')

dove:

- "r", "m", "c" sono rispettivamente il numero del rack (dipendente dalla posizione del PLC sul bus), il numero del modulo (dipendente dalla posizione del modulo nel PLC) ed il numero del canale (dipendente dalla posizione della porta sul modulo);
- "e" è il nodo slave CANopen (da 1 a 127).

Per l'accesso ad un PLC remoto vi è la possibilità di bridging. La stringa dell'indirizzo di bridging è composta da due parti:

- prima parte: "IndirizzoIntermediario" ;
- seconda parte: "IndirizzoPLCRemoto".

La sintassi del parametro indirizzo è:

IndirizzoIntermediario\\IndirizzoPLCRemoto

"IndirizzoIntermediario" è un indirizzo classico che dipende dal tipo di supporto:

- SYS o vuoto per USB;
- l'indirizzo IP per Ethernet;
- nodo slave per CANopen.

La sintassi per "IndirizzoPLCRemoto" dipende dal tipo di collegamento di rete:

- per uno slave Modbus (su cavo seriale)

    IndirizzoCollegamento.NumeroSlaveModbus

- per la connessione Ethernet
    IndirizzoCollegamento{hostAddr}
- per un dispositivo CANopen
    IndirizzoCollegamento.e

dove:

- "IndirizzoCollegamento" è un indirizzo topologico di tipo r.m.c dove "r", "m", "c" sono rispettivamente il numero del rack (dipendente dalla posizione del PLC sul bus), il numero del modulo (dipendente dalla posizione del modulo nel PLC) ed il numero del canale (dipendente dalla posizione della porta sul modulo);
- "NumeroSlaveModbus" è il numero che indica la posizione dello slave Modbus sul cavo seriale;
- "hostAddr" è l'indirizzo IP del dispositivo;
- "e" è il nodo slave CANopen.

PARTE II - PROGETTO DI SIMULAZIONE DI UN SISTEMA AUTOMATICO DI CONFEZIONAMENTO CONTROLLATO DAL PLC MODICON M340

1. PROGETTO PRELIMINARE

L'idea di realizzare questo progetto è nata dopo aver preso visione di alcuni video relativi alle macchine automatiche di confezionamento proposti dal canale di Youtube "TheOverallproject"[3].

Questa idea è stata realizzata in un precedente progetto in cui tutte le parti erano simulate via software: il ruolo di PLC era svolto da un emulatore, l'impianto era simulato in Visual Basic, l'interfaccia di comunicazione era realizzata attraverso Server OPC, la schermata operatore era progettata con iFix e l'applicazione di controllo era programmata interamente in linguaggio Ladder. L'applicazione di controllo è stata realizzata scrivendo su carta degli SFC e creando sul calcolatore il programma in linguaggio Ladder ottenuto traducendo gli schemi.

Il primo progetto è stato usato come base per la stesura del progetto corrente.

Poiché nel progetto attuale si usa un PLC reale e un differente sistema di sviluppo, dalla prima realizzazione sono stati utilizzati solo l'idea, gli schemi SFC su carta (scritti in seguito sul calcolatore come codice di programmazione grazie ad Unity Pro) ed il pannello operatore di iFix (successivamente migliorato). Anche in questo caso l'impianto è simulato in Visual Basic, ma, poiché l'interfaccia di comunicazione è differente, il programma in Visual Basic realizzato nel primo progetto non era utilizzabile, quindi è stato interamente riscritto.

---

[3] L'elenco dei video e dei loro link è disponibile in bibliografia.

2. DESCRIZIONE DELL'IMPIANTO

Per semplificare la comprensione del lavoro svolto, prima di illustrare il progetto vero e proprio, in questa sezione viene descritto l'impianto che si è voluto simulare.

L'impianto in esame è impiegato nelle linee di confezionamento in sacchi di materiale granuloso (farina, zucchero, terra). È possibile suddividere le attività in tre isole di lavoro coordinate: isola di confezionamento del sacco, isola di lavoro del robot, isola di imballaggio del pallet contenente sacchi.

Si ricorda che le operazioni di controllo sono coordinate dal PLC che riceve in input le informazioni fornite dai sensori e invia come output i comandi verso gli attuatori.

2.1 Isola di confezionamento del sacco

Il compito di quest'isola è quello di eseguire le operazioni di confezionamento partendo da un sacco vuoto, passando attraverso le fasi di riempimento e sigillatura.

Il processo ha inizio con una bobina di sacchi vuoti (Figura 9) che viene srotolata attraverso rulli in modo da stendere interamente il sacco più esterno.

Un sensore posizionato in prossimità della bobina consente di rilevare il numero di sacchi contenuti nella bobina stessa. Questo sensore fornisce al PLC un segnale di allarme non appena i sacchi della bobina sono terminati.

Figura 9: Bobina di sacchi vuoti

Un altro sensore rileva quando il sacco è correttamente steso. Quando il PLC riceve tale informazione, vengono attivate le azioni di chiusura di pinze che immobilizzano il sacco e di taglio del sacco dalla bobina. Effettuato il taglio, le pinze trasportano il sacco vuoto fino alla macchina di riempimento. Quando il PLC riceve l'informazione che il sacco è stato prelevato dalla macchina, le pinze ricevono il comando di aprirsi e tornare nella posizione originaria per poter ritirare il sacco successivo.

Un sensore rileva la presenza del sacco nella macchina di riempimento. Questa ha il compito di:

- bloccare il sacco (in modo da liberare le pinze),
- aprirlo,
- riempirlo con materiale granuloso.

Il riempimento è effettuato attraverso due tipi di valvole di riempimento usate in sequenza: la prima con un diametro maggiore per un riempimento rapido; la seconda con un diametro minore per riempire con precisione il sacco fino al livello desiderato.

Durante la seconda fase di riempimento, un'altra pinza si avvicina al sacco e si chiude non appena l'azione di riempimento è terminata. Il sacco viene rilasciato dalla macchina solo se la pinza conferma al PLC la perfetta riuscita della chiusura.

Questa pinza trasporta il sacco fino al macchinario di sigillatura. Quando il sensore di questo apparecchio rileva la presenza del sacco, la macchina lo immobilizza, ne piega le estremità aperte e lo sigilla.

Terminata questa fase il sacco viene fatto scivolare in un nastro trasportatore che lo convoglia al finecorsa. Qui un sensore ne rileva la presenza e ferma il nastro finché il robot non lo preleva.

2.2 Isola di lavoro del robot

Un braccio robotico svolge due attività: trasportare bancali da una pila ad un nastro trasportatore, porvi sopra i sacchi forniti dalla prima isola di lavoro per creare un pallet.

Figura 10: Bancale

Il robot dispone di quattro possibili posizioni:

- "Standby": posizione raggiunta quando è in attesa di comandi;
- "PP": posizione raggiunta per prendere un bancale dalla Pila Pallet;
- "D": posizione raggiunta per prelevare il sacco dalla prima isola di lavoro;
- "E": posizione raggiunta per rilasciare il bancale o il sacco nella terza isola di lavoro.

In questa isola il robot si sposta dalla posizione "Standby" alla posizione "PP", preleva un bancale mediante chiusura delle apposite pinze, lo trasporta in posizione "E", lo rilascia mediante apertura delle pinze, si sposta in posizione "D" ed attende la presenza del sacco. Quando il sacco raggiunge tale posizione, il robot lo preleva con un secondo tipo di pinze e lo trasporta in "E" posizionandolo in modo corretto per la creazione del pallet. Completata questa azione lo rilascia e torna in posizione "D" per prelevare il sacco successivo. Questo processo è ripetuto fino al completamento del pallet, quindi il robot torna in posizione "Standby".

2.3   Isola di imballaggio

Dopo che il robot ha posizionato tutti i sacchi sul bancale un sensore rileva il completamento del pallet e attiva il movimento di un nastro trasportatore che sposta il pallet alla macchina di imballaggio.

Terminata la fase di imballaggio, si riattiva il nastro trasportatore ed il pallet viene consegnato.

Figura 11: Pallet completato e imballato

3. ANALISI PRELIMINARE E METODO DI PROGETTAZIONE

Prima di avviare la realizzazione vera e propria del progetto, è stato necessario svolgere un'analisi preliminare (o pre-analisi) dell'obiettivo che si voleva conseguire. In questo modo è stato possibile strutturare le attività da svolgere in fasi e definire quindi un metodo di progettazione.

Struttura dell'analisi preliminare:

- Analisi dell'impianto reale per la definizione dell'impianto che si sarebbe realizzato con la simulazione.
- Scomposizione del progetto in parti.
- Valutazione delle difficoltà e degli ostacoli, definizione di possibili soluzioni, ricerca di alternative per risolvere i problemi.
- Pianificazione delle seguenti fasi:
  o Ordine di realizzazione delle parti;
  o Metodo per la realizzazione;
  o Ordine di debug;
  o Metodo di debug.

In fase di realizzazione sono stati evidenziati tutti i problemi sorti durante la programmazione e non considerati in fase di pre-analisi.

3.1   Analisi di realizzazione dell'impianto

Per applicare le caratteristiche dell'impianto reale all'impianto simulato è stato necessario definire le modifiche e le semplificazioni che sarebbero state apportate tenendo conto degli strumenti a disposizione e degli aspetti che si volevano evidenziare con la realizzazione di questo progetto.

L'isola di confezionamento di un impianto reale è caratterizzato dalla presenza di più macchine che svolgono in parallelo le stesse funzioni così da creare più processi paralleli e massimizzare la quantità di sacchi confezionati per unità di tempo.

Nell'impianto simulato è presente un solo processo che lavora in serie, quindi i sacchi sono completati singolarmente. Questa semplificazione è stata apportata per migliorare la visibilità delle singole fasi. Poiché i processi paralleli sono identici, per la realizzazione di più processi sarebbe sufficiente replicare il codice.

Per questa stessa ragione sono state ridotte le quantità, infatti nel progetto è stato previsto che una bobina di sacchi contenga solo 10 sacchi vuoti (piuttosto che centinaia), che un pallet sia composto soltanto da 10 sacchi e che nella pila di bancali siano disponibili solo 5 bancali.

Per definire il livello di dettaglio del controllo del PLC si descrivono i tipi di sensori presi in considerazione e di comandi inviati agli attuatori.

I tipi di sensori che forniscono gli input al PLC sono:

- sensori di conteggio (del numero di sacchi nella bobina, del numero di bancali nella pila di bancali, del numero di sacchi nel pallet);
- sensori di rilevamento dei contatori a zero (rilevamento della bobina vuota, rilevamento della pila vuota);
- sensori di posizione relativi al sacco: inviano un segnale positivo al PLC quando il sacco si trova nella posizione controllata (posizione dei macchinari e finecorsa dei nastri trasportatori);
- sensori di posizione relativi alle pinze e al robot;
- sensori di chiusura e apertura delle pinze: verificano che i comandi siano stati effettuati con successo;
- sensori di blocco: verificano che il sacco sia stato realmente prelevato dal macchinario che deve svolgere una determinata azione (necessari per poter liberare le pinze);

- sensori di fine azione: verificano che le azioni svolte dalle macchine siano state compiute con successo.

Per quanto riguarda gli attuatori, è stato definito che il PLC controlli i macchinari attraverso macro-azioni: saranno le macchine a gestire il funzionamento delle parti utilizzate per eseguirle. Per questo motivo le seguenti azioni sono considerate comandi unici:

- Rotazione rulli: un unico comando ordina la rotazione di tutti i rulli.
- Taglio: non sono controllate le singole fasi del processo di taglio.
- Chiusura e apertura pinze: ogni gruppo di pinze è attivato o disattivato da un comando senza specificare le azioni che compie ogni singola parte della pinza per potersi chiudere o aprire.
- Blocco del sacco: il PLC ordina al macchinario di prendere ed immobilizzare il sacco, non è specificato il modo in cui tale azione sarà effettuata.
- Riempimento: la fase di riempimento è divisa solo in due macro-azioni "Riempimento 1" e "Riempimento 2".
- Sigillatura: vi è un'unica macro-azione di "Sigillatura" che comprende la chiusura delle estremità del sacco e la sigillatura vera e propria.
- Chiusura e apertura delle pinze del robot: in queste azioni è incluso il movimento che deve compiere il robot per prelevare il sacco o il bancale (una volta giunto nella posizione corretta).
- Imballaggio: un'unica azione per l'intero processo.
- Trasporto: in ogni comando di transizione da una posizione all'altra non sono specificati i movimenti effettivi che verranno compiuti.
- Cambio delle parti esaurite: la sostituzione della bobina vuota è realizzata attraverso un solo comando del PLC così come il riempimento della pila dei bancali.

3.2   Scomposizione del problema

In questa fase il progetto generale è stato suddiviso in parti compiendo due strutture parallele.

1) Prima struttura

La prima divide il progetto in base ai programmi utilizzati, così da esaminare le interfacce tra le applicazioni e definire un ordine di programmazione.

- Unity Pro.

  L'applicazione di controllo è stata interamente realizzata con questo programma.

- Visual Basic.

  Questo strumento di programmazione è stato sfruttato per programmare il simulatore dell'impianto.

- IFix.

  Programma grafico utilizzato per la realizzazione del pannello operatore.

- Driver di comunicazione.

  In un primo momento non si era a conoscenza dei driver necessari per la comunicazione tra il PLC e le applicazioni (esclusi naturalmente i driver del sistema di sviluppo), quindi è stata data una definizione generale per approfondire e risolvere il problema in una fase successiva.

Per quanto riguarda la simulazione dell'impianto, inizialmente l'intento era quello di non usare un programma esterno, ma di sfruttare solo il simulatore hardware fornito con il PLC Modicon M340[4]. Questa idea è stata scartata perché il dispositivo offre la possibilità di simulare solo gli ingressi, mentre le uscite devono essere collegate agli attuatori. Inoltre i dati scambiati devono essere necessariamente digitali.

---

[4] Il modulo I/O è descritto nel paragrafo 2.4 della Parte I

Per questo motivo si è deciso di creare un simulatore dell'impianto via software tramite Visual Basic e di simulare con la componente hardware solo i sensori relativi alla posizione del sacco ed il sensore di bobina sostituita.

2) Seconda struttura

La seconda struttura, per ottimizzare la scomposizione del lavoro, divide il progetto in base alle parti dell'impianto. Questa suddivisione era stata effettuata in gran parte con la descrizione dell'impianto, ma con questa struttura si è stabilito quali parti poter accorpare in un'unica sezione e quali fossero i "confini" delle singole sezioni.

- *Rotazione rulli*
  In questa sezione operano:
    o i rulli: attuano l'azione di rotazione per lo svolgimento della bobina;
    o il sensore di conteggio del numero di sacchi nella bobina: offre al PLC la possibilità di gestire un contatore informando l'utente con una serie di luci: verde, gialla, rossa e rosso lampeggiante (in caso di bobina vuota);
    o il sensore di sacco in posizione "A": riferisce al PLC quando il sacco è interamente steso e pronto per il taglio.
- *Taglio*
  Questa sezione include:
    o la macchina che funge da attuatore per l'azione di taglio;
    o il sensore che rileva la fine del taglio ed il corretto esito dell'azione;
    o le pinze che prelevano o lasciano il sacco attraverso le azioni di chiusura e apertura e lo spostano dalla posizione "A" alla posizione "B";
    o il sensore che controlla la corretta apertura e chiusura delle pinze;
    o i sensori che controllano le posizioni delle pinze in "A" o in "B";
    o il sensore di sacco in posizione "B" che riferisce al PLC quando il sacco si trova nella macchina di riempimento.

- *Riempimento*

  Questa sezione comprende:

  - o il macchinario per il riempimento, quindi le azioni di blocco sacco, "Riempimento 1" e "Riempimento 2";
  - o i sensori di blocco sacco, e del corretto riempimento;
  - o la pinza che preleva o lascia il sacco attraverso le azioni di chiusura e apertura e lo sposta dalla posizione "B" alla posizione "C";
  - o il sensore che controlla la corretta apertura e chiusura della pinza;
  - o i sensori che controllano le posizioni della pinza in "B" o in "C";
  - o il sensore di sacco in posizione "C" che riferisce al PLC quando il sacco è nella macchina di sigillatura.

- *Sigillatura*

  In questa sezione sono presenti:

  - o la macchina per la sigillatura, quindi le azioni del secondo blocco sacco e "Sigillatura";
  - o il sensore di blocco sacco;
  - o il sensore di corretta sigillatura;

- *Primo nastro trasportatore*

  Questa fase potrebbe essere integrata nella precedente, ma deve essere considerata come una sezione autonoma perché le altre possono essere moltiplicate per realizzare un lavoro parallelo mentre questa deve essere unica per l'interfacciamento con il robot. In questa fase operano:

  - o il nastro trasportatore ed la relativa azione di movimento;
  - o il sensore posto al finecorsa del nastro che rileva quando il sacco si trova in posizione "D".

- *Robot trasportatore*

  Questa sezione include:

  - o il robot e tutte le azioni di spostamento connesse;
  - o i sensori collegati alla posizione del robot;

o i due tipi di pinze (per i bancali e per i sacchi) e i relativi comandi di apertura e chiusura;

o i sensori che controllano la corretta apertura e chiusura delle pinze;

o la pila di bancali e il sensore di conteggio connesso che invia un allarme al PLC quando i bancali sono terminati;

o il sensore di conteggio dei sacchi presenti nel pallet;

o il sensore di completamento del pallet.

- *Secondo nastro trasportatore ed imballaggio*

  Queste azioni sono state accorpate perché si utilizza lo stesso nastro trasportatore per spostare il pallet prima e dopo la macchina d'imballaggio, quindi in caso di lavoro parallelo, le parti sarebbero state moltiplicate come se fossero considerate un'unica sezione. Questa sezione comprende:

  o il secondo nastro trasportatore con la relativa azione di movimento;

  o i sensori di finecorsa nella macchina di imballaggio e di finecorsa a termine lavorazione;

  o la macchina per l'imballaggio e la relativa azione;

  o il sensore di imballaggio riuscito con successo;

  o il sensore di posizione del pallet al termine del percorso.

3.3 Valutazione delle difficoltà

La scomposizione del progetto evidenzia le problematiche legate alla connessione tra le parti.

Mentre i problemi d'interfaccia tra le sezioni dell'impianto sono correlate esclusivamente al codice e quindi superabili in fase di realizzazione, le interfacce tra i programmi necessitano di componenti esterni alle applicazioni fornite. Il superamento di questi ostacoli è quindi di primaria importanza per la riuscita del progetto.

Per risolvere questo problema si potrebbe ricorrere all'utilizzo di programmi alternativi rispetto a Visual Basic e IFix, ma queste due applicazioni sono comunemente impiegate per l'automazione di impianti quindi salvaguardando la possibilità di farli comunicare con il PLC si garantisce al dispositivo un'ampia flessibilità per gli usi futuri. Per questo motivo è di gran lunga preferibile la ricerca di driver per la comunicazione del PLC con Visual Basic ed IFix.

3.4 Ordine di programmazione

Poiché in un primo momento non erano noti il canale e i driver che si sarebbero utilizzati per la comunicazione tra i programmi ed il PLC, non era possibile implementare le applicazioni in Visual Basic ed IFix (se non le schermate grafiche) quindi l'unico strumento utilizzabile era Unity Pro.

Per realizzare l'applicazione di controllo e verificarne il corretto funzionamento, di solito è indispensabile la presenza dell'impianto o del suo simulatore. Grazie alle potenzialità di Unity Pro questo vincolo è stato superato sfruttando alcuni vantaggi offerti dal programma quali:

- opzione di forzatura dei bit fornita dalle tabelle di animazione,
- possibilità di programmare direttamente in SFC,
- presenza di più linguaggi di programmazione coesistenti.

Una volta conosciuto il canale di comunicazione è stato eseguito l'indirizzamento dei registri contenenti le informazioni dei comandi.

Sono state così definite le azioni da intraprendere e la loro successione:

- realizzazione del programma di controllo;
- ricerca dei driver di comunicazione (quest'azione sarebbe stata eseguita in parallelo rispetto alla prima);
- realizzazione dell'impianto;

- realizzazione del pannello operatore.

3.5   Metodo di debug

Questa analisi ha messo in evidenza che il punto più delicato del progetto è stato l'interfacciamento tra i programmi. Il debug e la verifica del corretto funzionamento del progetto, quindi, non potevano essere effettuati come ultime azioni, bensì sono stati svolti passo passo, al termine di ogni applicazione.

Anche la fase di debug è stata quindi divisa in sezioni in modo da permettere un riconoscimento più semplice delle fonti di errore ed un isolamento dei problemi. Assicurando la correttezza delle singole parti, è stato possibile affrontare i problemi di interfacciamento con maggiore semplicità.

4. REALIZZAZIONE

Dopo aver completato il processo di analisi preliminare si è passati alla realizzazione vera e propria del progetto seguendo l'ordine stabilito.

In base alla struttura di suddivisione dell'impianto, sono stati creati con Unity Pro gli SFC di controllo. Le azioni e le condizioni di transizione degli SFC sono stati implementati principalmente con il linguaggio ST e FBD.

Contemporaneamente allo sviluppo del sistema di controllo sono stati individuati i driver per la comunicazione.

Trovare il driver per la comunicazione del PLC Modicon M340 con IFix è stato semplice perché la casa produttrice di IFix consiglia gli strumenti software adatti alla comunicazione del proprio programma con i PLC in base alla marca.

Per i PLC Modicon sono forniti i driver MB1 ed MBE. Entrambi permettono la comunicazione attraverso il protocollo Modbus, ma il primo sfrutta la connessione seriale (porta non disponibile nel processore usato), mentre il secondo utilizza "Modbus over Ethernet" attraverso il protocollo TCP/IP[5].

Grazie al driver MBE si è quindi potuto interfacciare il PLC con IFix usando il sistema di indirizzamento del protocollo Modbus TCP/IP fornito dal dispositivo[6]. Poiché questo protocollo ha accesso solo ad i registri %M e %MW del PLC, con l'ausilio di Unity Pro le variabili da trasmettere ad IFix sono state memorizzate in questi registri.

La ricerca del canale e dei driver per la comunicazione con Visual Basic è stata più complessa. Inizialmente era orientata ad un sistema di collegamento che permettesse di riutilizzare l'applicazione programmata nel progetto antecedente a questo. Quindi

---

[5] MODBUS TCP/IP è descritto nel paragrafo 4.2.2 della Parte I
[6] L'indirizzamento è descritto nel paragrafo 4.4 della Parte I

l'obiettivo era trovare un programma compatibile con il PLC Modicon M340 che fungesse da server OPC. I risultati trovati non erano soddisfacenti.

Invece di ricercare una soluzione che permettesse di riutilizzare il codice precedente, si è cercato allora un sistema di comunicazione con Visual Basic attraverso Modbus TCP/IP.

Questo problema è stato risolto ricorrendo all'utilizzo dell'ActiveX "MBAXP". Per poter indirizzare i dati con il protocollo Modbus TCP/IP è sufficiente inserire in Visual Basic questo componente e seguire le istruzioni per la programmazione presenti nel manuale fornito dal produttore.

Questa soluzione presenta notevoli potenzialità in quanto con un unico sistema di indirizzamento è possibile creare su Unity Pro l'interfaccia verso Visual Basic ed IFix. Ciò significa che una volta trasferito il progetto dal sistema di sviluppo al PLC Modicon M340, il dispositivo è in grado di comunicare sia con il simulatore dell'impianto che con la schermata operatore, utilizzando gli stessi registri e lo stesso protocollo di comunicazione.

Superato il problema più delicato, il lavoro è proseguito senza ulteriori ostacoli con la realizzazione del programma in Visual Basic ed il miglioramento della schermata operatore.

CONCLUSIONI

Lo scopo principale della lavoro esposto in questo libro non era quello di realizzare un progetto che fosse il più possibile conforme alle necessità di un impianto reale, bensì quello di studiare in maniera approfondita le potenzialità di un PLC e testare le conoscenze acquisite attraverso un progetto. Inoltre il progetto realizzato aveva l'obiettivo di individuare delle modalità per interfacciare il PLC con dei software comunemente usati per i sistemi di automazione.

Nel sistema realizzato, il PLC comunica direttamente con i software Visual Basic e IFix utilizzando un unico protocollo di comunicazione e senza l'ausilio del sistema di sviluppo. Questa soluzione apporta vantaggi di notevole rilevanza:

- vengono utilizzati sul PLC gli stessi registri per lo scambio di dati con entrambi i programmi occupando così uno spazio di memoria inferiore,
- per l'indirizzamento è implementata un'interfaccia unica,
- poiché il protocollo utilizzato è Modbus TCP/IP, per la comunicazione è sufficiente una rete e gli apparecchi possono essere utilizzati in remoto.

Per quanto riguarda l'analisi delle potenzialità del PLC, non è stato possibile testare con una applicazione pratica le nozioni acquisite sull'interfacciamento CANopen.

Per eventuali sviluppi futuri, dopo aver approfondito le conoscenze nel settore del Motion Control e disponendo delle apparecchiature e dei software necessari, sarà possibile creare un'applicazione per sistemi di controllo del movimento.

RIFERIMENTI BIBLIOGRAFICI E SITOGRAFICI

Standard *1131* del Comitato Elettrotecnico Internazionale

Dispense del corso di Reti e Sistemi per l'Automazione tenuto dal Prof. S. Panzieri del Dipartimento di Ingegneria Gestionale e dell'Automazione dell'Università Roma Tre

Manuale online Modicon M340:
http://e-fts.schneiderelectric.it/corsi2/ai/m340/index.htm
data dell'ultima consultazione: **2/feb/2012**

Manuale fornito con il PLC Modicon M340

Documentazione elettronica fornita con i software Unity

Documentazione elettronica fornita con il software Modicon M340 Design Help System

Canale di Youtube "TheOverallproject", video:

- Polaris Confezionatrice tubolare FFS di alta capacità produttiva
http://www.youtube.com/watch?v=MHRNOYDMt40&list=PL5596CD16FEBA488D
&index=8&feature=plpp_video
data di caricamento del video: **24/ago/2009**

- Insaccatrice verticale tre saldature mod. Syrma
http://www.youtube.com/watch?v=YjAvFThi2L0&list=PL5596CD16FEBA488D&in
dex=1&feature=plpp_video
data di caricamento del video: **26/gen/2011**

- Robohood_-_Golarossa.wmv
http://www.youtube.com/watch?v=Uoc5_St4eJQ&list=PL5596CD16FEBA488D&in
dex=3&feature=plpp_video
data di caricamento del video: **17/feb/2010**

- Robohood_Sacchi.avi
http://www.youtube.com/watch?v=zURzQlafcpA&list=PL5596CD16FEBA488D&in
dex=4&feature=plpp_video

data di caricamento del video: **17/feb/2010**

Fonti per le immagini

Figura 1:
http://slideplayer.it/slide/959051/#

Figure 2, 3, 4, 5, 6, 7:
http://e-fts.schneiderelectric.it/corsi2/ai/m340/index.htm

Figura 8:
http://www.citect-webhelp.schneider-
electric.com/vijeo/Content/images/ProprietaryBoards.png

Figura 9:
http://www.danplast.it/homepage.aspx?language=it

Figura 10:
http://www.centroraccoltapallets.com/

Figura 11:
http://www.cormed.biz/wp-content/uploads/2012/01/2131864531.jpg